세계에
눈뜨는
한 사람

세계에 눈뜨는 한 사람

김필통 지음

harmonybook

세계에 눈뜨기 시작한 계기는 이렇다.

강원도 원주에서 시작한 독서 모임에서 지역의 청소년들이 참여할 수 있는 의미 있는 일이 무엇일까 의논하다가 하나씩은 가지고 있을 만한 중고 필통과 학용품을 제3세계 아이들에게 선물하는 기부콘서트를 기획했다. 지구 한쪽에서 살아가고 있는 아이들에 대해서 구체적으로 행동하게 된 계기다.

세계 곳곳의 상황을 이해하려면 세계 흐름과 역사에 대한 이해가 필요했는데 교과서뿐만 아니라 지식을 얻을 수 있는 통로들이 존재한다.

영화는 여러 시대와 역사적 배경을 소재 삼기에 재미와 지식을 동시에 얻을 수 있는 보물창고다. 영화는 과거의 시간을 거슬러 올라가 실화에 상상력을 더해 책에 기록된 한 줄을 2시간으로 만들 수도 있고 더 입체적인 이야기를 구성할 수도 있다.

유튜브 채널에는 시사, 역사, 여행 등 다양한 분야의 전문적인 유튜버들이 정보와 지식의 세계로 안내하고 관련 도서는 깊이 있는 지식을 알려준다.

나는 시사나 세계사의 전문가가 아니다. 다만 우리가 살아가는 세상에 대해 눈을 뜬 한 사람일 뿐이다.

나처럼 우리가 살아가는 세계에 눈뜨는 한 사람을 만나길 바라는 마음으로 이야기를 시작한다.

들어가는 글 004

이 모가디슈 거기까지 알아야 해?

모가디슈 어딨슈? 010

소말리아는 왜 해적이 많을까 015

소년병 018

모가디슈에서 카불까지 020

02 세계에 눈뜨자(Open your eyes)

A whole new world 024

매트릭스 빨간 약 027

세계는 열린 문 030

국경 없는 세상 032

03 세계는 지금

시리아내전 10년 038

세계시민의 탄생 042

세계시민과 MZ세대 046

04 세계는 어제

나비효과 050

제국의 탄생 053

05 제국의 부활

대항해 시대. 바다 넘어 미지의 세계로 059

해가 지지 않는 대영제국 062

제국주의란? 065

미국. made by 제국 068

원주민 학살 072

문명화로 미화된 제국 076

러시아제국과 소비에트의 탄생 079

1, 2차 세계대전 082

팔레스타인. 유대인의 이주와 분쟁의 시작 084

타노스의 핑거스냅 086

고통받는 세계 089

06 작은 것들을 위한 시

BTS 고마워요 094

초(初)미니 세계사 096

이집트 쓰레기 마을(feat. 빠니보틀) 098

07 세계는 유직

We are the world 102

Greatest Love of All 106

Heal the world 110

내일은 늦으리 114

08 포코 세계시민의 탄생

받은 것들의 기억 120

지중해 올리브 숲에서 희망을 보다 126

5남매를 통해 보는 분쟁과 갈등, 조정과 평화 128

마치는 글

새로운 세계로의 여행 132

부록 김필통이 만난 세상

필(feel)이 통하는 필통 138

필통 안조요? 139

연필 이야기 144

01

모가디슈 거기까지 알아야 해?

모가디슈 어딨슈?

모가디슈란 영화를 보기 전까지 모가디슈라는 지명을 들어봤거나 어디 있는지 아는 사람은 많지 않았을 것이다.

모가디슈 어딨슈? 라는 유머가 나올 정도로 낯선 지역이지만 영화를 본 사람이라면 모가디슈가 아프리카 어딘가에 있다는 정도를 조금 더 관심이 있다면 모가디슈가 소말리아의 수도라는 사실을 알 수 있다.

퀴즈처럼 아이들과 가끔 주고받았던 나라나 수도 이름으로 만들어진 말장난들이 떠오른다. 주의하자. 이 내용이 자칫 기억에 남을 수도 있다.

코는 콘데 가장 큰 코는? 멕시코. 모로코
불은 불인데 가장 큰 불은? 이스탄불

진도를 좀 더 나가보자

논은 논인데 가장 큰 논은? 레바논
아르헨이란 친구가 뭘 먹고 나서 안 먹었다고 한다.
아르헨!! 너 티나! 아르헨티나~
우리는 달려간다. 어디로? 우간다

썰렁함을 참지 못해 책을 덮는 일이 없기를 바란다. 아쉬움에 한 번 더. 마지막이다. 인내심을 가지자.

인도가 넷이면? 인도네시아!!

인도와 인도네시아가 뭔가 연관성이 있는 것처럼 보이지만 두 나라는 영문명이 'In'으로 시작되는 점 말고는 크게 관련이 없는 나라다.

세계는 시네마 1. 모가디슈(2021)

한국영화 《모가디슈》는 1991년 소말리아 내전 발발 당시, 수도 모가디슈에 고립된 남북 외교관들이 힘을 합쳐 탈출하는 실화를 바탕으로 한 영화이다.

당시 모가디슈의 긴박함과 남북한의 분단 상황이 교차된다.

이런 질문을 해보자

그 때 소말리아에 왜 내전이 발생했을까?

그 때 남북 외교관들은 거기서 뭘 하고 있었을까?

당시 남북 상황은 어땠을까?

영화 하나 보는데 거기까지 알아야 해? 라는 질문에는 배경을 이해하면 영화를 보는 즐거움이 더 깊어진다고 말하고 싶다. 난 몰라도 재미있던데? 라는 의구심에는 고민이 깊어 지지만 '더' 에 강조가 있다.

당시 대한민국은 유엔가입을 앞두고 투표권이 있는 소말리아 정부를 설득하기 위해 다른 나라에 있던 대사를 파견해 소말리아와 친밀한 관계를 만들려고 하였다. 여기서 이미 소말리아와 친분이 있던 북한과의 외교 전쟁이 펼쳐지게 된다.북한은 이미 60년대에 소말리아 공관을 설치했고 (1967) 뒤늦게 대사관을 개설한(1987) 대한민국은 UN 가입을 위해 더욱 소말리아에 공을 들이는 상황이었다.

그럼 이런 생각이 들 수도 있다.
1991년에 우리나라가 아직 UN 가입이 안되었다고?
올림픽을 88년에 개최했는데…

1990년까지 대한민국은 유엔에 가입하지 못했는데 남북의 대치 뒤에는 냉전시대 양 진영이 있었다. 1988년부터 공산권 및 사회주의국가와 북한을 대상으로 하는 북방 외교 정책으로 수교가 이뤄졌는데 1990년 공산국가의 종주국인 소련과 92년에는 중국과 정식 수교했다.

이러한 분위기를 타고 한국의 유엔가입은 유력해 보였지만 여전히 북한과의 예민한 외교적 대립이 있었다. UN 회원국들의 투표로 가입이 정해지는 상황에서 캐스팅보트를 쥐었던 것이 아프리카 국가들이었고 소말리아도 그중 하나였다.

대한민국의 UN 가입은 결국 1991년에야 이루어졌다. 우여곡절 끝에 제46차 총회(91.09.17)에서 남·북한 가입을 승인하였는데 이로써 대한민국은 161번째 UN 회원국이 되었다.

소말리아는 왜 해적이 많을까

한때 소말리아는 해적으로 유명세를 떨쳤다. 소말리아는 AK소총이 많기도 하고 저렴한 나라라고 한다. 이유는 소말리아를 차지하려 했던 열강들이 수많은 무기를 남기고 갔기 때문이다.

유럽에서 인도양으로 이동하는 화물선들은 소말리아 앞 아덴만을 거쳐야 했기에 소말리아의 지정학적 위치는 해적이 발생하기 좋은 환경이다. 일자리가 없는 남자들은 소총을 들고 해적질로 인도양의 배들을 납치해 보상금을 받아냈는데 어부 생활로는 상상할 수 없는 엄청난 돈을 벌 수 있기에 소말리아 어부들은 해적으로 변신했다.

세계는 시네마 2. 캡틴 필립스(Captain Phillips. 2013)

　소말리아 해적으로부터 유조선을 지키려는 필립스 선장의 실화를 다룬 영화. 소말리아 해적의 납치에 대응했던 필립스 선장과 해적의 심리전이 긴장을 더하는데　마지막 장면의 인간적인 고뇌가 인상 깊다.

　2011년 1월. 청해부대는 소말리아 해적에게 피랍된 삼호주얼리호(1만 톤급)를 소말리아 인근 해역에서 구출한 '아덴만의 여명' 작전을 수행했다. 총상을 입고 오만에서 1차 수술을 받은 석해균 선장과 국내로 이송을 강력히 주장해 수술과 치료를 맡은 이국종 교수의 일화가 유명하다.

세계는 시네마 3. 블랙 호크 다운(Black Hawk Down. 2002)

전쟁영화 최고봉 중 하나로 꼽히는《블랙 호크 다운》역시 소말리아를 배경으로 한다. 한국영화《모가디슈》에서 등장한 아이디드 군부가 모가디슈를 점령한 2년 뒤 93년에 일어난 미군과 소말리아인 사이에 일어난 전투였다. 1시간 안에 핵심 요원을 체포하려는 작전이었지만 블랙 호크로 불리는 주력 헬기가 추락하면서 사태는 걷잡을 수 없게 되는데, 미군 19명과 수천 명의 소말리아인이 희생되었다.

1991년 부패로 무너져 내린 소말리아 바레정권의 끝에서 남북외교관 들은 필사의 탈출을 하였고 이후 대한민국 공관은 지금까지 폐쇄되어 있다.

소년병

  영화 《모가디슈》에는 소년병이 자주 등장한다. 북한대사관이 무장 강도에게 습격당할 때와 여러 탈출과정에서 소년병들의 모습이 자주 카메라에 잡힌다.

  소년병은 다루기 쉽고 충성하며 적게 먹고 월급을 주지 않아도 된다는 이유로 양성되고 있는데 아동노동과 비슷한 연장선에 있다. 아프리카 등 분쟁지역에서 태어나는 소년병. 소년병의 존재는 인류에게 무척 부끄럽고 참혹한 역사다.

세계는 시네마 4. 머신건 프리처(Machine Gun Preacher. 2011)

《머신건 프리처》는 실제 남수단에서 활동했던 선교사 샘 칠더스의 이야기다. 샘 칠더스는 남수단에서 아동을 납치해 소년병으로 만드는 끔찍한 범죄로부터 아이들을 보호하기 위해 총을 들게 된다. 선교사와 총은 어울리지 않는 조합이지만 어떤 마음으로·샘 칠더스가 총을 들었는지 생각해 보면 가슴이 아픈 실화이다.

그가 남긴 말이다.

"아이들을 위해 총을 든 내 행위가 죄악이라면 나는 죽어서 당당히 지옥에 가겠다" (샘 칠더스)

모가디슈(1991)에서 카불까지(2021)

2021년 8월.

1991년에 일어났던 모가디슈 사건은 30년 후 아프가니스탄 카불에서 재현되었다.

20년간 미군과 연계된 정부가 통치하던 국가를 탈레반이 재집권하게 되었는데 미국의 철수계획과는 다르게 빠른 속도로 수도인 카불이 점령당했다. 미국과 여러 해외공관원은 앞다투어 탈출했고 협조했던 아프가니스탄 현지인들은 목숨을 걸고 탈출을 시작했다.

뉴스를 통해 공항으로 몰려드는 현지인들을 보면서 영화 모가디슈의 장면이 떠오른다. (베트남전쟁에서도 비슷한 상황이 있었다) 멀게만 생각했던 아프가니스탄이지만 한국정부와 연결된 현지인들이 있었고 생명의 위협을 느끼는 그들을 대한민국은 세계시민사회의 책임을 신속하게 이행하여 한국으로 후송해 전 세계로부터 주목을 받았다.

이런 질문이 생길 수도 있다.
한국정부가 아프가니스탄에서 도대체 뭘 한 거야?

아프가니스탄에는 아프간 한국대사관, 한국국제협력단(KOICA), 바그람 한국병원, 직업훈련원, 차리카 지방 재건팀 등이 존재하며 활동했고 협력한 현지인이 있었다.

또 이런 질문을 가정해보자.
아니 왜 우리나라가 거기까지 가서 병원을 짓고 재건 활동을 했냐고?

대한민국은 가난했던 나라가 선진국으로 도약한 유일한 사례로 주목받는다. 그리고 이제 도움을 받는 나라가 아닌 도움을 주어야 하는 세계시민사회의 책임이 있는 국가로 인식되고 있다. 아프가니스탄 뿐 만 아니라 여러 개발도상국에서 대한민국은 정부 또는 비정부기구를 통해 재건과 개발 협력 등에 참여하고 있다.

2021년 11월 3일. 〈MBC 아침 뉴스 세계브리핑〉에서 아프간의 안타까운 소식을 전한다. 현재 아프간은 극도의 기아에 놓인 사람들이 많은데 10살도 안 된 소녀가 50대 남성에게 팔려간 소식이다. 가난 때문에 딸을 팔아야 하는 부모는 남성에게 아이가 부인이니 때리지는 말아 달라고 부탁했다고 한다. 앵커의 목소리가 탄식 가운데 떨린다. 탈레반은 아프간을 재탈환했지만 국민은 자식을 팔아야 하는 상황에 내몰리고 있다.

 누구의 잘못일까?
 소말리아에서 아프간까지 시간과 장소는 달라졌지만 국민의 고통은 변하지 않았다.

02

세계에 눈뜨자(Open Your Eyes)

A Whole new world

디즈니 애니메이션 알라딘 OST 《A Whole new world》. 영어를 배우기 시작한 초등학생 딸에게 영어공부로 동기부여 했던 노래이다. 알라딘은 양탄자를 타고 공주에게 새로운 세상을 보여준다. 성 밖의 새롭고 신기한 세상에 눈뜨는 재스민 공주와 안내자인 알라딘의 탄성이 어우러진다.

가사에서 2가지를 생각해 보자.
하나, 세계에 대한 눈뜨기
둘, 스스로 문제 해결

I can show you the world Shining, shimmering, splendid
나는 당신에게 눈부시고, 빛나며, 찬란한 세상을 보

여줄 수 있어요

*Tell me, princess Now, when did you last let
your heart decide?*

공주님, 마음이 원하는 걸 언제 선택해 보았나요?

재스민 공주는 성안에 갇혀서 성안의 세상만을 보고 있었
고 알라딘은 진짜 세상을 알려주고 싶었다.

*A whole new world A new fantastic point of
view*

놀라운 세상, 환상적인 광경들

*No one to tell us, "No" Or where to go Or say
we're only dreaming*

*아무도 안된다고 하거나 어디로 가라거나 꿈만 꾼다
고 말하지 않아요*

마법의 양탄자를 타고 보게 되는 새로운 세상에는 가슴을
뛰게 하는 놀라운 풍경이 있다. 그러나 아름다운 자연과 더
불어 살아가고 있는 사람들의 삶은 풍경처럼 아름답지만은
않다. (아무리 아름다운 관광명소라도 그곳에서 일하는 사

람들은 생존해야 하는 삶의 터전이기 때문이다)

일상적으로 접하는 세상을 살아가기에도 바쁜 우리가 왜 온 세상(whole world)에 눈을 떠야 할까? 아름다운 풍경이 아닌 불편하고 어두운 세상까지 들여다봐야 할까?

매트릭스 빨간 약

세계는 시네마 5. 매트릭스(The Matrix. 1996)

《매트릭스》는 촬영. 편집 등 영화의 기술적인 면에서도 센세이션을 일으켰지만 영화의 내용(세계관)을 이해하기 위해서는 공부가 필요했던 영화이다.《매트릭스》는 가상의 세계. 즉, 기계가 만든 가상의 세계에서 사육되는 인류의 존재라는 충격적인 설정인데 진실을 알게 된 소수의 인류는 기계와의 처절한 싸움을 벌이고 주인공 네오가 예언된 구세주(메시아)로 등장해 기계와의 전쟁을 이끈다.

내가 사는 세계와 익숙한 일상이 가상일 수 있다는 상상이 전율을 준다. 영화에서 가장 흥미로운 장면은 선지자인 모피어스와 주인공 네오와의 대화 장면으로 일명 빨간 약을 먹을지 파란 약을 먹을지를 선택하는 순간이다. 빨간 약은 고통스럽지만 진실을 보게 되는 약이고 파란 약은 네오가 그 동안 살아온 세계 속에서 그대로 살아가는 약이다.

> *"파란 약을 먹으면 넌 침대에 돌아가서 잠들 것이고 내일 아침 일어나면 아무것도 기억나지 않은 채로 그냥 살게 되겠지. 하지만 빨간 약을 먹으면 고통스러운 진실을 알 수 있게 될 거야. 자, 선택해~"*
>
> *You take the blue pill, the story ends. You wake up in your bed and believe whatever you want to believe. You take the red pill, you stay in wonderland and I show you how deep the rabbit hole goes.*

 영어 대사를 직역하면 이렇다. 파란 약을 먹으면 이야기는 끝난다.(영화도 끝난다) 빨간 약을 먹으면 원더랜드로 가는데 토끼 굴이 얼마나 깊은지를 보여준다고 한다. 왜 갑자기 토끼 굴이 나올까? 모피어스는 '이상한 나라의 엘리스'(Alice in wonderland)의 이야기를 가져와 토끼가 가는 굴을 직접 따라가야 함을 말한다. 여기에서도 동화가 가진 오묘한 이야기가 상상력을 자극한다.

당신의 선택은 빨간 약인가? 파란 약인가?

빨간 약을 선택한다면 당신은 이미 세계에 반쯤 눈이 떴다고 볼 수 있다. 뚜렷하지는 않더라도 이미 진실의 세계를 볼 수 있는 준비가 된 것이다.

세계는 열린 문

디즈니 애니메이션 겨울 왕국 OST 중 《사랑은 열린 문》 (Love is open door)이란 노래가 있다. 아렌델 왕국 엘사의 왕비 대관식을 앞두고 여러 나라 사절이 오는데 이웃나라에서 온 한스 왕자와 안나 공주가 한눈에 사랑에 빠지고 이 노래를 부르면서 청혼도 한다. 사랑은 인종과 신분과 국경을 넘는다는 말이 있지만 엘사의 눈에는 철없는 커플의 성급한 결정이다.

'사랑의 문' 뿐만 아니라 우리가 살아가는 지금의 세계 또한 열린 문이다(World is open door).

배를 타고 미지의 세계를 향해 떠나던 탐험의 시대에는 대륙에서 대륙을 가는 일에 목숨을 걸어야 했지만 비행기를 타고 가는 지금은 어떤 대륙도 하루 이틀 정도면 모두 갈 수 있다.

중국 공장에서 뿜어내는 매연과 몽골사막의 먼지는 매년 황사가 되어 한국을 찾아온다. 하늘에는 장벽이 없기에 황사는 한국으로 자유롭게 유입된다. 한국인이 코로나19 팬데믹에서 마스크사용에 익숙했던 것은 그나마 중국 황사의 덕분(?)이라는 의견도 있다.

후쿠시마 원전에서 방류된 물이 해류를 타고 전 세계를 돌아 한국에 올 수 있다는 간단한 이론으로 해산물을 먹지 말아야 한다는 말이 설득력이 있다.

코로나바이러스의 확산에 전 세계는 국가와 국가 간 이동이 봉쇄되고 도시와 도시를 막았지만 완전한 차단은 불가능했다.

원하던 원하지 않던 우리는 밥상에서부터 문 앞의 모든 것이 서로 영향을 주는 열린 세계를 살고 있다. 세계화된 지구촌 공동체에서는 좋은 영향력은 물론 코로나와 같은 나쁜 영향력도 급속도로 확산된다.

150년 전 흥선대원군은 쇄국정책으로 나라를 봉쇄하려했다. 그러나 지금의 세계는 열려있다. 닫을 수가 없다.

국경 없는 세상

세계화의 다른 말은 국경 없는 세상이다.

국경은 존재하나 상황에 따라 무척 다양하게 해석된다.

대한민국과 북한은 1953년 전쟁을 멈춘 휴전 이후 비무장지역(DMZ)을 두고 서로 대치하고 있다. 허락 없이 국경에

다가가는 것만으로 목숨을 잃을 수 있다.

해외여행은 대부분 비행기로 이동하고 공항에서 입국 절차를 밟기 때문에 국경을 건넌다는 의미가 크게 다가오지 않는다. 반면 자동차나 버스 등을 통해 육로로 국경을 건너면 국경을 통과하는 느낌이 명확하게 다가온다.

미국과 캐나다는 엄청난 면적의 국경을 맞대고 있는데 이런 일화를 들었다. 캐나다 밴쿠버에 관광을 간 한국여성분들이 국경 근처에서 고사리를 따다가 국경을 넘었다. 곧 미국 경찰이 출동해 이분들은 체포되어 강제출국을 당했다고 한다. 우리가 생각하는 눈에 보이는 철조망 같은 것이 없는 상황에서 이런 해프닝이 일어난 것인데 당사자들은 무척 난감했을 것이다.

반면 미국 남부 멕시코 인접에서는 남미에서 올라오는 불법 입국자로 인해 골치를 앓고 트럼프 대통령은 거대한 벽을 세워 입국을 막기도 했다. 쿠바의 야구선수들은 카리브해를 목숨을 걸고 넘어와 메이저리그의 유명선수가 되기도 한다.

시리아전쟁을 통해서 발생 된 난민들은 터키. 요르단. 레바논 등으로 피난을 떠났고 일부 사람들은 지중해를 넘어 유럽으로 향하다가 목숨을 잃기도 했는데 쿠르디라는 아이의 시체가 터키 해변에서 발견되어 세계를 경악하게 했다.

난민과 이주노동자와 같은 이들은 비자의 신분으로 철저히 국경의 원리가 적용된다. 그들이 가고자 하는 나라의 국경은 때론 무척 높고 험하다.

프랑스 베르나르 쿠슈네르 등 청년 의사들이 주축이 되어 설립된 「국경 없는 의사회(MSF)」라는 NGO의 이름이 많은 것을 상징한다.

03

세계는 지금

'세계는 지금' 은 KBS 시사 다큐 프로그램이다.

매주 일어나는 세계 곳곳의 소식을 현지 리포터가 알려주고 전문가의 설명이 이어진다. 정식명은 "특파원 보고 세계는 지금" 이며 매주 토요일 저녁 9:40분에 방송된다.

다음은 KBS 홈페이지에 나온 프로그램 소개내용이다.

*기획의도
지금, 우리는 세계와 연결되어 있습니다. 지구촌 곳곳에서 벌어지는 모든 사건과 그 사건들 속에 등장하는 수 많은 사람들은 나와 그리고 우리와 어떻게 연결되어 있을까요? 각국의 정치지도자들은 어떤 고민 들을 하고 있을까요? 석유의 가격은 누가 어떻게 결정할까요? 중동의 분쟁과 테러는 무엇 때문에 일어날까요? 당신이 알고 싶은 세계 그리고, 당신이 알아야 할 세계 1994년부터 KBS가 만들어 온 국제시사프로그램의 경험과 역량을 하나로 모아 지구촌의 생생한 숨결과 맥박을 직접 전해드립니다.

유튜브 조회 수가 높은 에피소드는 다음과 같다.

아프간 난민 7000km 지옥의 여정(2014.05.31)
코로나 19 일본, 이중고에 빠진 오사카 빈민촌(2020.05.30)
엘살바도르의 수도 산살바도르는 어떻게 죽음의 도시가
되었나?(2020.02.15)
이 vs 팔 충돌격화 뒤에선 누군가 웃는다(2021.05.15)
대폭발 참사 1년. 벼랑 끝에 선 레바논(2021.07.10)
미군 20년 만에 완전 철수, 아프간의 미래는?(2021.09.04)

뉴스가 보여주는 세계는 전쟁과 분쟁. 범죄와 가난, 코로나19 대유행 등 사건 사고가 끊이지 않는다. 따뜻한 미담들도 있겠지만 사람들의 주목을 끄는 뉴스는 고통스러운 현장이다.

시리아 내전 10년

사망 38만, 국민 절반이 난민

　내가 사는 강원도 횡성 상공에는 군용기가 수시로 비행을 한다. 비행기 소리를 듣는 일이 일상인데 전투기의 경우는 소음이 무척 크기에 주민들과 갈등이 크다. 소음으로 항공기에 대한 짜증도 많이 나겠지만 아무도 저 전투기에서 주민들에게 폭탄을 쏟아부으리라 생각하는 사람은 없을 것이다.

　그러나 시리아 내전에서 그런 일이 일어났다. 얼마 전까지 자국민을 보호하던 군용기에서 폭탄이 떨어지는 상황. 전투기가 나타나면 사람들은 공포에 휩싸인다. 자국의 항공기지만 거기서 투하되는 폭탄은 나와 내 가족과 이웃의 목숨을 앗아가는 무기다. 그것도 화학탄이나 저가로 만들 수 있는 백린탄 등 국제사회에서 사용을 금하는 끔찍한 무기를 말이다. 영화와 다큐에서 본 전투기의 소음 그리고 폭탄의 굉음. 울부짖는 사람들. 전투기의 소음은 가끔씩 그분들의 절규를 생각나게 한다.

시리아의 인구는 약 2천만 명 정도인데 인구의 50%가 넘는 사람들이 국내외 난민이 되었다. 시리아전쟁의 시작은 어린 학생들의 낙서에서 시작되었다. 내용은 독재자 아사드 대통령을 조롱하는 내용이었다. 낙서를 문제 삼은 경찰이 아이들을 체포했는데 고문으로 사망자가 나왔고 이에 격분한 부모들과 시민들이 시위를 일으켰는데 강경한 진압으로 더 많은 시위가 이어졌다.

그간 독재 정부의 탄압에 시달렸던 시민들이 무장반군이 되어 저항하면서 내전이 시작되었다. 여기에 미국과 소련 터키 이란 등의 강대국들이 개입하여 각자의 이익에 따라 직간접적인 지원을 하였는데 이 혼란한 틈을 타서 근본주의 이슬람세력 IS가 탄생하게 되고 끔찍한 학살을 저질렀다.

이렇게 독재 정부와 반군. IS와 강대국들의 이해가 얽히고 설키면서 시리아는 강대국들의 대리전쟁터가 되고 국민의 대부분은 국내외 난민이 되었다. 시리아는 중동의 맹주라 불릴 정도로 큰 힘을 가진 나라였지만 전쟁 10년이 지난 지금은 많은 부분이 황폐화됐다.

복잡한 시리아전쟁의 과정을 정리해 보면 다음과 같다.

- 국민을 억압하던 아사드 독재정권의 폭력적 통치.

- 어린 학생들의 낙서 사건을 계기로 쌓인 둑이 터져버린 것처럼 시민저항 시작.

- 시민반군과 정부군과의 전투 이후 직간접적인 이득을 위해 강대국들의 대리참여.

- 이슬람 근본주의 IS의 출현.

- 러시아의 도움 속 아사드 정권의 통치력 회복.

- 소강상태에서 일부 반군 세력과 쿠르드, 터키, 이스라엘 등 충돌.

전쟁의 모든 과정과 결과는 참혹하다. 아이들과 여성과 노인이 폭탄에 희생되고 가족을 잃고 집을 떠나 난민이 되어 고통스러운 삶을 살아가야 한다.

세계는 시네마 6. 가버나움 Capernaum / 샤마에게 For Sama(2019)

   시리아전쟁을 다룬 영화는 많이 알려져 있지 않다. 《가버나움》은 실제 시리아 난민 아이들을 배우로 캐스팅해 다큐처럼 자연스럽게 난민의 현실을 보여준다. 가버나움은 성경에 나오는 이스라엘의 지명으로 예수님으로부터 타락한 곳으로 언급된 동네다.

   《샤마에게》는 전쟁의 참상을 그대로 보여준다. 전투현장에서 의사로 부상자를 치료하는 남편과 아이를 출산한 아내가 셀프카메라로 모든 과정을 촬영하고 담담한 내레이션으로 전쟁의 실상을 관객들에게 알려준다. 영화를 감상하지만 실제는 처절한 삶과 죽음이 공존하는 상황이다.

세계시민의 탄생

세계는 세계화라는 과정을 통해 많은 문제를 일으켰다. 몇몇 국가나 기업이 행동한 결과를 세계가 공동책임을 질 수밖에 없는 상황에 직면한다. 당장에 영향을 받지 않더라도 기후위기와 환경파괴는 중장기적으로 모든 인류가 위험에 처했음을 경고한다. 이러한 위기는 자신과 공동체를 지키려는 사람들을 일깨웠는데 바로 세계시민의 탄생이다.

세계시민은 탈냉전 후 가속화된 세계화에 그 연대의 목소리를 확장하고 있다.

세계시민은 어떻게 탄생할까? 어떤 사람들일까?

세계시민이 누구인지 NGO 단체와 학자들은 다음과 같이 말한다.

더 광범위한 공동체와 전체 인류에 소속감을 느끼고, 지역? 국가? 세계에 대한 열려있는 시각을 견지하며, 보편적 가치에 기초한 다양성 및 다원성을 존중함에 따라 자신과 타인, 그리고 환경을 포괄적으로 이해하고 행동하는 것

〈UNESCO〉

더 넓은 세계에 대해 알고 세계시민으로서 자기 역할을 이해하는 사람, 다양성을 존중하고 가치 있게 여기는 사람, 세계가 어떻게 작동하고 있는지를 이해하는 사람, 사회 정의에 열정적으로 헌신하는 사람, 지역 수준부터 글로벌 수준까지 다양한 수준의 공동체에 참여 하는 사람, 더 평등하고 지속 가능한 세상을 만들기 위해 다른 사람과 협업하는 사람, 자신의 행동에 책임을 지는 사람

〈OXFAM〉

국적을 넘어 가장 넓은 공동체인 지구마을의 구성원으로서 정체성을 지님, 다양성 존중, 변화하는 세상에 대한 정확한 인지, 세계적 문제에 대한 책임감을

지니고 동참하며 실천할 수 있는 지식, 술, 가치와 태
도를 보유한 자

〈월드비전〉

보편적 관점에서 인간의 보편적인 기본권을 존중하
고 인류애를 중요하게 여김

〈송민경〉

문화 다양성을 존중하면서 국가 발전에 기여 할 수
있는 국가 정체성을 지닌 시민역량과 더불어 국가를
초월한 사회의 다원적 가치를 이해하고 세계와 소통
이 가능한 세계 시민역량을 함께 보유한 사람

〈Pike〉

글로벌 공동체의 시민으로 살아가거나 이를 느끼는 것

〈Mcintosh〉

인류의 삶이 국가적 경계를 넘어 지구적으로 상호
연결되어 있음을 인지하는 것

〈Guo〉

민주주의가 발전한 20세기 민주주의 주체의 한 명 한 명을 시민이라 불렀다. 세계시민은 세계화라는 지구촌의 변화에서 시작된 세계의 문제와 상황을 주체적으로 생각하고 해결하려는 개인과 공동체다.

세계시민과 MZ세대

　스웨덴의 10대 환경운동가 '그레타 툰베리'는 전 세계 정치인과 기업에 기후 문제를 해결하라고 강력히 호소하기 시작했다.

　2018년 8월 20일, 국회의사당 앞에서 '기후를 위한 등교 거부'란 팻말을 들고 1인 시위를 시작한 툰베리는 정치인들에게 스웨덴과 지구를 구하기 위해 노력하라고 촉구했다. 툰베리의 행동에 영향을 받아 전 세계에서는 '미래를 위한 금요일', '기후를 위한 등교 거부'와 같은 기후 행동이 시작됐다.

　툰베리의 이러한 영향력은 2019년 역대 최연소 노벨상 후보와 타임지가 선정한 올해의 인물로 만들었다. 툰베리는 기후 문제야말로 인류 미래의 가장 위협적인 요인이고, 지금 당장 노력하지 않으면 돌이킬 수 없는 비극을 초래할 것이라고 경고하고 있다.

> "전 세계 인구의 약 34%를 차지하는 Z세대는 국경
> 과 인종을 넘어 이전 세대보다 훨씬 강력하게 자신
> 의 소신을 드러내고, 누구나 변화를 만들어낼 수 있
> 다는 것을 증명해내고 있다"
>
> 그레타 툰베리 / 그린포스트코리아

MZ세대의 공통분모는 문제의식의 공유와 연대이다. 세계
화의 폐해를 절실히 깨닫는 세계시민의 또 다른 퍼즐 MZ세
대를 통해 희망을 본다.

04

세계는 어제

나비효과

2020년 2월. 코로나가 세상에 등장했다. 중국에서 시작된 코로나는 이탈리아. 영국. 프랑스 등 유럽을 강타하고 미국을 초토화했다. 실시간으로 뉴스를 접하는 동안 대한민국 국경을 통과해 매일매일 몇 명이 확진되었다는 뉴스를 보게 되는 일상을 만들었다.

나비효과는 미국의 기상학자 에드워드 로렌츠가 1961년 기상 관측을 하다가 생각해 낸 것이라고 한다.

그는 변화무쌍한 날씨의 예측이 힘든 이유는, 지구 어디에서인가 일어난 조그만 변화로 인해 예측할 수 없는 날씨 현상이 나타나기 때문이라고 설명했다.

나비효과란 브라질에 있는 나비가 날개를 한 번 퍼덕인 것이 대기에 영향을 주고 또 이 영향이 시간이 지날수록 증폭되어, 긴 시간이 흐른 후 미국을 강타하는 토네이도와 같은 엄청난 결과를 가져온다는 가정을 통해 지구 한쪽의 자연 현상이 아무 상관이 없어 보이는 먼 곳의 자연과 인간의 삶에 커다란 영향을 미친다는 이론이다.

세계는 시네마 7. 나비효과(The Butterfly Effect. 2004)

　과거로 돌아가 현재의 영향을 준다는 영화적 시도는 1985년 개봉한 《백 투더 퓨처》에서 흥미롭게 관객을 끌어들였다. 영화 《나비효과》는 과거와 현재가 연결되는 실타래 같은 관계를 일기장이란 소재로 풀어내면서 충격적인 반전으로 긴장감을 준다. 주인공은 현재의 문제를 해결하기 위해 끊임없이 과거를 바꾸지만 바꾼 과거는 예상하지 못한 또 다른 현재에 영향을 준다. 영화적 상상력은 과거를 바꿀 수 있으나 현실은 과거를 바꿀 수 없다.

　21세기 지구촌의 주요 상황은 20세기의 결과물이다.
　지금의 세계는 어제의 나비효과다.

제국의 탄생

　세계화의 기초가 된 모체는 제국의 통치 형태였다. 제국은 국가를 넘는 거대한 통치력을 가졌는데 그중에서도 로마제국은 제국의 특징을 가장 잘 보여주는 상징이자 기원이다.

　　『Rome wasn't built in a day』
　　로마는 하루 아침에 이루어진 것이 아니다
　　『Do in Rome as the Romans do』
　　로마에 가면 로마 사람의 풍습을 따르라
　　『All roads lead to Rome』
　　모든 길은 로마로 통한다

　로마제국과 관련된 유명한 어록이다. 로마제국은 역사적으로는 천년의 시간을 관통했으나 하루아침에 탄생한 것도 몰락한 것도 아니다. 서구 유럽의 철학적 뿌리인 그리스 문명 위에서 로마제국은 탄생했다.

Post 2. 그리스 문명

고대 그리스인은 기원전 2세기경에 그리스에서 고도의 문명을 이룩하였으며, 유럽 문화의 원류가 되었다. 그리스의 폐쇄적인 자연조건은 폴리스(도시국가)를 만들었고, 상공업이 발달하여 평민의 권력이 크게 신장 되면서 민주주의가 발달하였다는 점은 다른 고대국가에서는 찾아볼 수 없는 그리스만의 특색이다. 그리스 문명은 후에 알렉산더에 의해 오리엔트문명에 융합되어 헬레니즘 문화로서 로마제국을 비롯하여 각지에 전파되었다.

〈시사상식사전, pmg 지식엔진연구소〉

알렉산더에 의해 오리엔트문명과 융합된 헬레니즘이 로마제국의 팽창과 함께 전파되었다. 헬레니즘은 무엇일까?

Post 3. 헬레니즘 문명

헬레니즘이란 용어는 그리스어로 원래 그리스인 자신을 지칭하던 헬렌에서 나온 말이다. 역사가 요한 구스타프 드로이젠이 기원전 4세기 알렉산드로스 대왕이 정복한 非그리스 지역의 그

로마제국은 단순한 영토적인 제국만은 아니었다. 그리스와 헬레니즘 문명을 수용한 로마는 언어. 종교. 예술. 건축 철학. 법 등 거의 모든 분야에서 유럽과 아프리카. 아시아에 영향을 주는 거대한 문명제국이 된 것이다.

제국의 주인들은 제국을 유지하기 위해 끊임없이 식민지를 만들어 자원을 확보했는데 그 자원의 핵심은 노동력이었다. 식민지의 사람들은 로마의 시민권을 얻기 위해 군에 지원하고 더 많은 군대를 유지하기 위해 군인이 필요했다.

Post 4. 로마제국 노예제

노예제는 로마 군국주의의 필연적 부산물이었다. 몇 세기에 걸

친 공화국 시절에 로마인들은 항상 새로운 땅을 정복하고자 진군했고, 수만 명의 포로를 데리고 돌아왔다. 그리스도가 십자가에 못 박힐 무렵, 로마제국 인구의 25% 이상이 노예였다.

〈다시 보는 5만 년의 역사〉

로마제국은 식민지에서 노동력과 자원을 끊임없이 흡수하며 제국을 움직이는 에너지로 삼았다. 제국의 본질은 수탈이었고 노예는 제국이 움직일 수 있는 원동력이 되었다.

05

제국의 부활

역사에서 로마는 서로마에 이어 동로마가 멸망하기까지 천년이 걸렸다. 그러나 로마라는 제국은 사라진 것이 아니라 다른 모습으로 부활한다. 제국의 두 번째 시기가 열리게 된 것은 바다를 넘어 대륙에 이를 수 있는 항해기술 덕분이었다.

대항해 시대. 바다 넘어 미지의 세계로

1492년 콜럼버스의 신대륙탐험은 이후 유럽의 정복을 상징하는 사건이다. 한정된 교역만을 이어가거나 아예 서로 존재조차 알지 못했던 각 문명권이 본격적으로 연결되기 시작한 세계화의 시작이었다.

15세기 포르투갈이 먼저 포문을 열었다. 엔리케 왕자는 아프리카의 넓은 대륙에 대한 해양개척의 중요성을 깨닫고 이탈리아에서 조선 관련 기술자를 불러서 1419년 카라벨호로 원양항해에 도전. 이후 항로개척과 다양한 식민지를 만들었다.

1484년 주앙 2세에게 대서양 항해 탐험을 제안한 콜럼버스는 포르투갈 왕이 거절하자 스페인 이사벨라 여왕을 설득해 해군 제독에 임명되고 발견한 것에 10%를 인센티브로 받는 조건으로 선박 2척을 허락받는다.

Post 5. 크리스토퍼 콜럼버스

1492년 스페인의 이사벨 여왕이 제공한 세척의 배로 카디스를 떠나 항해를 나왔다. 두 달이 지나 지쳐갈 때 육지를 발견했다. 바하마 제도였다. 콜럼버스는 이곳이 인도라고 생각했다. 콜럼버스의 탐험은 동반구와 서반구를 연결하는 왕래의 길을 열었다. 이후 유럽의 정복자들은 비교적 손쉽게 아즈텍과 잉카를 장악했다. 콜럼버스가 싣고 간 돼지들은 유럽의 온갖 질병을 아메리카 대륙으로 옮겼고 정확한 숫자는 알 수 없지만 아메리카 대륙의 많은 원주민들이 유럽인들이 전한 질병으로 사망한 것으로 추측한다.

〈다시 보는 5만 년의 역사〉

당시 유명했던 스페인과 포르투갈의 탐험가들은 다음과 같다.

불과 한 세대 사이에 희망봉을 발견한 바르톨로메우 디아스(1488년)

아메리카 대륙에 도달한 크리스토퍼 콜럼버스(1492년)

아프리카 남단을 돌아 인도항로를 개척한 바스쿠 다 가마(1499년)

브라질에 도착한 페드루 알바르스 카브랄(1500년)

세계 일주에 성공한 페르디난드 마젤란(1521년)

 탐험가들로 인해 연이어 멀고 먼 항해들이 성공했다. 이들에게는 실크로드를 타고 전해진 나침반이라는 최신 장비가 있었다. 16세기에는 포르투갈과 스페인이 17세기는 네덜란드 18세기는 영국의 시대였다.

 바다를 지배하는 자가 세계를 지배한다는 격언이 그대로 실현됐다.

해가 지지 않는 대영제국

지구의 1/4을 차지한 대영제국. '해가 지지 않는 나라'라는 수식어가 있을 정도로 그 어떤 제국이 해내지 못한 바다 건너 대륙을 식민지로 삼았다.

세계 역사와 문화를 아우르는 조승연 작가는 영국을 방문했을 때 한 노부부와의 대화를 소개한다. 자신이 한국에서 왔다고 하자 노부부는 우리 식민지(colony)에서 왔냐고 라고 자연스럽게 물었다는 것이다. 그만큼 아직도 해외의 많은 곳이 영국의 식민지라는 의식이 깔려있음을 알 수 있다.

대영제국을 상징하는 지도자는 바로 빅토리아 여왕이다.

Post 6. 빅토리아(Alexandrina Victoria, 1819~1901)여왕
영국 국왕 최초로 인도 제국의 황제로 군림하였다. 엘리자베스

2세에 이어 가장 오랜 기간 재위한 영국 군주. 빅토리아의 재위 기간은 '빅토리아 시대(Victorian era)'로 통칭하며 '해가 지지 않는 나라'로 불렸던 대영 제국 최전성기와 일치한다. 9명의 자녀들이 유럽의 여러 왕가 및 귀족 가문들과 혼인 관계를 맺었기 때문에 '유럽의 할머니'라고도 불린다.

〈나무위키〉

세계는 시네마 8. 빅토리아&압둘(Victoria & Abdul. 2017)

　넷플릭스 오리지널 《빅토리아&압둘》은 영국 여왕 빅토리아가 인도의 한 말단 서기 출신인 압둘과 우정을 나누었다는 실화를 바탕으로 한다. 여왕과 압둘의 대화에서 당시 역사가 조금씩 등장한다. 19세기 지구의 1/4를 식민지로 삼았던 영국과 인도와의 관계. 특별한 점은 이슬람 국가였던 무굴 제국의 정통성을 가진 인도에(를) 대해 압둘의 대사를 통해 강조한다. 영화는 실존인물 압둘의 일기가 발견되면서 영국 왕실과 조율을 통해 제작되었다고 한다.

제국주의란?

    로마로부터 시작되어 19세기 영국과 미국까지 이어진 제
국의 탄생과 부활을 통해 파악된 제국주의의 핵심은 무엇일
까? 사전적 의미는 다음과 같다.

Post 7. 제국주의

제국주의(Imperialism)는 제국을 가리키는 임페라토르
(Imperator)에서 왔으며 이는 원래 로마의 황제를 뜻하는 말이
었다. 유럽의 역사상 많은 국가나 왕이 로마제국을 모델로 스스
로 제국임을 선포한 것에서 그들이 취하였던 팽창주의 정책 및
사상을 제국주의라 부르게 되었다.

〈위키백과〉

Post 8. 근대의 제국주의

한 국가가 무력으로 다른 국가를 제압하여 정치적·경제적 지배권을 다른 민족·국가의 영토로 확대 시키려는 충동이나 정책이며 17세기 후반 유럽에서 시작되어 20세기 초에 걸쳐 나타난 이기적인 인간의 본성을 반영한 국가적 차원의 체제. 즉, 열강들이 강한 경제력과 군사력을 앞세워 정치, 경제 및 문화적 지배력을 타국으로 확대하려는 사상과 그러한 사상을 바탕으로 한 정책을 이른다.

〈나무위키〉

기술과 군대를 가진 유럽의 국가들은 앞 다투어 아프리카와 아시아 남미에 식민지를 개척했다. 유럽의 초기 식민지는 희귀한 자원과 노예의 확보를 위한 것이었다. 남아메리카의 은, 아프리카의 금, 상아와 노예, 인도의 후추 등이 대표적인 목표물이었다. 이후 산업혁명은 대량생산을 위해 보다 많은 자원과 노동력이 필요했고 동시에 생산된 제품을 판매할 판매처도 필요했다.

당시의 대표적인 식민무역은 영국의 경우 인도의 면화로 면직물을 만들고 이것을 다시 인도에서 아편과 바꾼 후 중국에서 은과 교환하는 것이었다. 이는 나중에 아편 전쟁이 일어나는 원인이 되었다. 자본주의가 발전하면서 식민지는 에너지 및 자원의 확보와 자본 투자처로서 더욱 유용해졌다. 과학기술의 발전은 제국주의 확산에 더욱 큰 역할을 하게 되는데 그 역사적인 전환점은 바로 산업혁명이다.

Post 9. 산업혁명

산업혁명(Industrial Revolution)은 18세기 중반부터 19세기 초반까지, 약 1760년에서 1820년 사이에 영국에서 시작된 기술의 혁신과 새로운 제조 공정(manufacturing process)으로의 전환, 이로 인해 일어난 사회, 경제 등의 큰 변화를 일컫는다. 산업혁명 은 후에 전 세계로 확산되어 세계를 크게 바꾸어 놓게 된다.

〈위키백과〉

증기 기관은 와트의 생전에는 광산에서 지하수를 배출시키는 용도에만 이용되었으나, 사후인 1825년, 영국을 시작으로 광산에서 먼 곳까지 광물을 운반하는 데에 증기 기관을 사용한 철도 운송이 도입되었다는 점에서 높은 가치를 가진다. 사람의 힘이 아닌 기계의 힘을 통해 제국은 더 많은 자원을 차지할 수 있었다.

미국, made by 제국

미국은 청교도와 신대륙의 꿈을 가진 유럽의 이주민들로 시작된 나라이기도 하지만 자원과 노동력이라는 제국의 특성을 극대화하며 20세기 이후 세계에 가장 큰 영향력을 주는 국가로 성장했다.

건국 초기에는 영국과의 독립전쟁으로 이후에는 산업과 노예 문제로 내전을 치렀고 2차 세계대전 이후에는 소련과 냉전 시대의 경쟁자로 세계를 주도하고 있다. 냉전시대가 한참인 80년대에는 막대한 자본과 부를 생산하는 신자유주의를 탄생시켰다.

미국의 역사에서 빼놓을 수 없는 사건은 노예제도와 남북전쟁이다. 도대체 언제부터 노예제도가 생겨난 걸까? 노예는 인류의 오랜 역사에서 생겨난 결과물이다. 부족과 부족 간의 전쟁을 통해 패배한 부족은 노예가 되었다. 수많은 노예의 역사 가운데 아프리카 원주민을 납치해 노예로 삼는 형태는 유럽인들이 시작했고 신대륙이 발견되고 미국이 세워지면서 활발히 이루어졌다.

1600년대 초부터 신대륙으로 이주한 청교도들은 먼 항해와 풍토병에도 불구하고 영국에서의 청교도 탄압을 피해 신대륙을 찾았고 이들은 담배 농사를 시작하며 점점 기반을 다졌다. 담배가 유럽에서 잘 팔리자 노동을 감당할 노예를 필요로 했고 호황을 맞은 이주민들은 노예무역이라는 새로운 사업에 눈을 뜨고 더 많은 아프리카 노예를 데려와 팔았다.

담배 농사가 사양화되고 새로운 아이템인 목화가 미국 남부를 중심으로 활성화되었다. 목화는 사람의 손길이 더 필요한 농사였기에 노예에 대한 필요는 폭발적으로 늘어나게 되었다.

세계는 시네마 9. 프리스테이트(Free State of Jones. 2016)

남북전쟁 당시 남군 소속 뉴튼 나이트는 조카가 억울하게 전장에 끌려와 죽음을 맞이하자 탈영을 결심하고 고향 미시시피주 존스 카운티로 돌아온다. 탈영병의 신분으로 군대에 착취당하는 사람들을 도와주던 뉴튼 나이트는 순찰병에게 쫓기다가 부상을 입은 후 외딴 늪지대에 숨어든다. 그리고 도망친 흑인들과 힘을 합쳐 흑인들의 인권을 위한 기나긴 투쟁을 시작한다.

영화에서 가장 인상 깊었던 장면은 여러 이유로 모인 대중을 각성시키는 뉴튼의 연설이다. 기존의 노예제도를 정면으로 비판하며 2가지 논거로 대중을 설득시킨다.

하나, 하나님 앞에 모든 인간은 평등하다.
　　사람은 하나님의 자녀를 소유할 수 없다.
　둘, 자기가 심은 것은 자기가 거둔다.

인권과 노동권을 성경을 기반으로 풀어낸 당시로는 급진

적인 생각이었다. 영화적 긴장감을 감안해도 무척 간단하고 명확한 메시지다.

기독교 신앙으로 세워진 미국이지만 노예제도는 신앙과 모순된다. 그 본질적인 부분을 과감히 들어내면서 이러한 이념을 실천하는 흑백인종공동체(Free State of Jones)를 세우고 무장 투쟁까지 불사했다. (눈에는 눈 이에는 이) 미국의 남북전쟁 30년 이후에는 조선에서 동학혁명이 일어났다. 약탈과 차별에 대항했던 세계 역사의 흔적은 민족과 문화는 다르지만 인권과 노동권에 대한 가장 본질적인 공감대가 있었음을 알 수 있다.

원주민 학살

북미에서 일어난 끔찍한 역사는 바로 원주민 학살이다.

유럽의 이주민들은 처음에는 추수감사절을 지키며 자신들을 도와준 원주민들을 환대했으나 시간이 지날수록 원주민들을 몰아내고 대륙을 차지하려는 욕심을 들어낸다. 인디언(원래는 인도사람이란 뜻. 콜럼버스가 북미대륙을 인도라고 착각해서 생긴 호칭)이라 불리는 원주민들은 이주민을 공격하기도 했으나 압도적인 무기를 가진 백인들에게 패배했고 그 과정에서 집단 학살이 일어났다.

세계는 시네마 10. 늑대와 춤을(Dances with Wolves. 1990)

영화는 남북전쟁과 서부개척시대를 배경으로 미 육군 중위인 존 덴버가 파견근무지인 서부에서 라코타 족과 접촉하여, 결국 라코타 족의 일원이 되어가는 과정을 그리고 있다. 당시 백인사회가 어떻게 원주민을 이해했는지, 그리고 원주민사회가 실제 어떤 모습이었는지를 대자연을 배경으로 이야기한다. 영화 《아바타》의 모티브가 된 작품이라고 한다.

이 영화에서 가장 인상 깊었던 대목은 원주민들의 이름이다.

"열 마리 곰"
"걷어차는 새"
"머리에 부는 바람 주먹 쥐고 일어서"

군대 훈련소 시절 총검술이 생각난다.
"막고 차고 발로 차"

백인들은 원주민의 땅을 뺐었다. 인디언 보호구역을 만들어 이주를 거부하고 저항하는 원주민들을 전멸시켰다. 1890년 운디드니 전투라고 명명된 미군과 원주민 전사들 사이의 전투는 사실상 미군에 의한 대량 학살이었으며 원주민 최후의 저항이었다.

미국의 7대 대통령 '앤드류 잭슨'은 영국과의 독립전쟁 영웅이지만 원주민 학살의 책임이 있다. 미국을 건국한 유럽계 백인에게는 미국독립의 선구자였지만 그 땅에 살던 원주민들에게는 침략과 학살의 범죄자인 것이다.《하우스 오브 카드》라는 드라마에서 원주민대표들이 백악관을 찾았을 때 부통령이 앤드류 잭슨 초상화를 잠시 내렸다가 이후 다시 세워놓는 장면에서 잭슨 대통령에 대한 역사적 시각을 보여준다. 제국주의는 강한 나라들이 신대륙의 선주민을 정복한 역사이다. 여기에서 무수한 희생과 고통의 역사가 뒤따른다.

북미의 원주민은 보호구역에서 보호(?)된다고 하지만 실상은 보조금에 연명하며 교육과 문화적인 면에서 처참한 상황이고 사회에 적응력도 무척 떨어지고 범죄에도 노출되어 있다.

캐나다에서 원주민을 섬기는 선교사의 말에 의하면 원주민들이 가장 혐오하는 대상은 백인과 기독교라고 한다. 기독교의 이름으로 학살과 탈취가 이뤄졌기 때문이다. 캐나다에서는 1960-70년대 학교와 종교시설에서 원주민 아이들을 교화시키는 명목으로 학대가 이루어진 사실이 드러나 총리와 정부의 사과가 계속되고 있다. 제국이 저지른 과오는 시대가 지나도록 그 후유증이 사라지지 않는다.

문명화로 미화된 제국

1869년 '뉴욕 헤럴드' 신문사는 아프리카 탐험에 나섰다가 실종된 영국의 의사이자 저명한 탐험가인 데이비드 리빙스턴(1813~1873)을 찾아 나서는 탐험 르포를 기획했다.

1871년 3월, '뉴욕 헤럴드' 특파원 헨리 모턴 스탠리 (1841~1904)가 이끄는 구조대는 리빙스턴의 탐험 루트를 따라 아프리카 내륙으로 진입했다. 그들 역시 리빙스턴이 살아있다고 확신하지 않았다. 스탠리의 탐험은 사람들의 이목을 끌기 위한 일종의 '기획 특종'이었다.

하지만 8개월 후 기적이 일어났다. 스탠리 탐험대가 탕가니카 호반 근처에서 죽어가는 리빙스턴을 발견한 것이다. 리빙스턴은 계속 아프리카에 남아 선교활

동을 지속하다가 2년 후 사망했다. 그리고 리빙스턴과 스탠리의 탐험 기록은 유럽 국가들이 아프리카를 침공하는 유용한 길잡이가 되었다.

벨기에 국왕 레오폴드 2세(1835~1909)는 스탠리를 대리인으로 고용해 중앙아프리카에 벨기에 국토의 76배에 이르는 거대한 영토를 선점했다. 레오폴드 2세는 콩고 지역의 원주민들을 온갖 방법으로 착취하고 학살했는데 원주민들은 상아와 고무 채취에 동원됐고, 할당한 양을 채우지 못한 자들은 손발을 절단하는 형벌을 받았다. 레오폴드 2세 재위시기에 콩고 지역 인구는 무려 1000만 명 넘게 감소했다고 한다. 이는 제 2차 세계대전 때 나치에 의한 홀로 코스트 피해자의 2배에 이르는 수치다. 영국 작가 코넌 도일(1859~1930)은 이것을 "인류 역사상 최대의 범죄"라고 규탄했다. 그렇지만 이 끔찍한 학살은 '문명화'라는 이름으로 은폐되고 미화됐다.

'문명화'란 이름으로 미화된 '아프리카 수난시대' 요약 국방일보 2021.04.21

아프리카선교의 대부 리빙스턴은 아이러니하게 아프리카 착취의 교두보가 되었고 이를 활용한 벨기에 국왕은 콩고에서 상아 채취 등의 자원탈취에 혈안이 되어 천만 명의 사람들을 죽게 했다. 유럽인들은 자신들이 미개한 아프리카를 문명화한다고 믿었다고 한다.

자본주의 수요와 공급의 원칙에 따라 수탈된 아프리카와 문명화로 미화된 역사. 그 역사는 지금도 반복되고 있다.

러시아제국과 소비에트의 탄생

대학에서 러시아어를 전공 하면서 자연스럽게 러시아의 역사와 문화를 접하게 되었다. 모스크바에서 짧은 어학연수를 하고 블라디보스토크, 중앙아시아를 여행했다. 러시아는 세계에서 가장 큰 영토를 가진 대국으로 유럽과 아시아를 아우르는 영향력을 끼치고 제국에서 공산주의 혁명에 이르는 역사를 가진 나라다.

프랑스 나폴레옹의 침략으로 큰 상처를 입기도 했던 러시아는 얼어있는 시베리아가 아닌 얼지 않는 바다를 향해 끊임없이 도전했으나 크림전쟁의 패배 등으로 자존심을 구겼다.

러시아제국의 부패와 기근은 결국 제국의 몰락을 가져왔고 사회주의국가를 꿈꾸는 레닌과 새로운 세대로 인해 소비에트연방(소련)이 탄생했다. 소련의 독재자 스탈린은 수백만이 넘는 국민을 학살했고 6.25 전쟁에 북한을 지원했다.

이후 소련은 냉전시대의 공산진영을 주도하는 강력한 국가로 부상한다.

세계는 시네마 10. 실버스케이트(silver skate. 2020)

20세기라는 새로운 시대를 맞이하는 러시아제국은 엄청난 변화와 희생을 앞두고 있다. 스케이트를 타며 소매치기를 일삼는 청년들과 주인공은 신분을 넘어 새로운 세상을 꿈꾸는 당시의 신세대들을 보여준다.

현재 러시아는 푸틴이라는 강력한 지도자로 인해 전 세계에 막강한 영향력을 끼치고 있는데 시리아전쟁에서는 군사적 지원으로 시리아 아사드 정권을 지켜주었고 동유럽에서는 우크라이나 영토였던 크림반도를 러시아계 주민을 통해 러시아영토로 편입했다. 최근 벨라루스는 러시아를 배경으로 난민을 통해 유럽을 위협하고 있고 우크라이나와의 전쟁에 대한 뉴스가 흘러나오는 등 세계의 흐름에 큰 영향을 주고 있다.

1, 2차 세계대전

1차 세계대전(1914.7.28 ~ 1918.11.11)은 유럽에서 2차 세계
대전(1939.9.1 ~ 1945.9.2)은 일본의 참여로 유럽에서 태평양
까지 이어졌다. 과학기술의 발전과 함께 군사 무기가 다양
했는데 기관총. 화학무기. 탱크. 항공기. 최종에는 핵폭탄까
지 사용되어 인류에게 많은 악영향을 끼친 세계전쟁이다.

2차 세계대전은 군인과 민간인을 합쳐 최소 5천만 이상이
사망한 것으로 추정하며 대한민국과도 연관이 큰 전쟁이었
다. 1차 세계대전과는 비교할 수 없는 무기의 성능으로 더
많은 인명을 희생되었는데 독일은 자국인의 피해뿐 아니라
600만의 유대인을 학살했고 소련은 독일과의 전면전으로
2500만 이상이 사망했다.

일본은 제국의 욕망으로 미국 진주만을 공습함으로 2차
세계대전에 참여했고 중국과 동남아에서 학살을 자행했고

군인들의 성적대상인 위안부 문제로 한국과 아시아의 많은 여성과 가족들에게 큰 고통을 안겼다. 결국 원자폭탄이라는 인류가 만든 가장 강력한 무기로 수십만의 사상자를 내면서 마침내 항복했다.

팔레스타인. 유대인의 이주와 분쟁의 시작

2차 세계대전이 끝난 1948년 영국이 팔레스타인 지역의 통치를 포기하고 철수하자 유대인들은 팔레스타인 분할 안에 근거하여 팔레스타인을 차지하고 이스라엘의 건국을 선포했다. 북미로 이주한 백인들처럼 유대인들은 처음에는 팔레스타인의 원주민과 호의적인 관계를 맺기도 했지만 세계 각처에서 몰려온 유대인의 결집은 팔레스타인 원주민과 충돌하게 되고 마침내 중동의 강호들과 전쟁을 하게 된다. 이후 팔레스타인과 레반트 지역은 세계의 화약고로 고통스러운 시대를 열게 된다.

2차 세계대전 중 6백만이 희생된 비극의 민족 유대인이지만 이제는 팔레스타인 사람들을 핍박하는 이스라엘과 유대인은 역사의 아이러니이다.

시리아

레바논
베이루트

예루살렘
암만

이스라엘
요르단

중동 레반트 지역 / Min

타노스의 핑거스냅

최고의 빌런 타노스의 존재 이유는 우주 인구의 절반을 사라지게 하는 것이다. 그 이유는 자신의 고향 타이탄이 자원과 식량의 한계에서 멸망했기 때문에 우주의 생명체가 살아남는 길은 개체를 감소시켜야 한다는 결론 때문이었다.

역대 어떤 빌런도 이러한 공적인 철학을 갖지 못했다. 스톤을 다 모으면 핑거 스냅 한 번으로 고통 없이 우주 평화를 이룰 수 있다니 이 또한 배려심이 많아 보인다.

타노스의 황당하면서도 설득력이 있는 이러한 주장은 사실 새로운 것이 아니라 이미 역사 속에서 또 현재를 살아가고 있는 몇몇 지구인들에게 공감을 주는 이론이다.

《왜 지구의 절반은 굶주리는가?》의 저자 장 지글러는 자연도태설이라는 개념을 여러 모임의 사석에서 들을 수 있었다고 한다. 자연도태설 이란 지구촌의 기아는 지구의 과잉인구를 조절하는 숙명적인 흐름이라는 이론이다.

즉, 기아로 인한 죽음은 안타까우나 지구의 모든 이들을 위해 필요충분의 조건이란 뜻이다. 저자는 이러한 주장의 시작이 영국국교회의 성직자 토마스 맬서스라고 소개 한다.

맬서스는 1798년 인구에 관한 논문을 발표하면서 매년 인구가 늘지만 식량은 줄어들게 되기 때문에 가난한 가정은 산아제한을 해야 하며 가난한 사람들에 대한 사회 보조나 지원은 중단돼야 한다고 주장했다.

맬서스는 "사회적 불평등과 하층민의 빈곤은 인구법칙이라는 필연적인 결과이다. 따라서 하층민의 고통은 그들의 책임이며 이를 개선하려는 어떠한 노력도 자연의 질서를 거역하는 일이다. 가난한 사람들에게는 청결한 생활이 아니라 불결한 습관을 권해서 전염병이 돌도록 해야 한다. 굶어 죽는 사태를 예방하려면 전염병이 창궐하도록 해야 한다"고 주장했다.맬서스의 이러한 주장은 자신들은 먹을 것이 있지만 기아로 죽어가는 대상에 대한 도덕적인 가책에 대해 약간의 심리적 해결을 주었기 때문에 오늘날까지 이러한 자연도태설을 받아들이는 사람들이 존재하는데 그 굶주림의 대상이 자신과 가족. 주변 사람은 절대 아니라는 전제를 가진 이들이다.

타노스의 핑거스냅은 우리 안에 존재한다.

고통받는 세계

세계의 인구는 급속도로 늘어왔다.

Post 10. 세계 인구 증가 추세

1800년대 10억

1923년 20억

1970년 40억

2021년 78억

『다시 보는 5만년의 세계 역사』

세계화된 지금도 세계의 많은 이들이 굶주리고 있다. 아이의 시선으로 생각해 보자. 마트나 편의점에 가면 먹을 것이 가득하고 집에도 먹을 것이 끊이지 않는 지구 곳곳에 굶어 죽어가는 사람들이 있다는 사실을 어떻게 이해시킬 수 있을까?

2000년부터 유엔 인권위원회의 식량 특별 조사관으로 활동하고 있는 장 지글러는 기아의 실태와 그 배후의 원인을 거대한 자본을 가진 다국적 식량기업과 경제적인 주도권을 가진 나라들로 지목한다.

> **Post 11. 기아의 아이러니**
>
> 세계에서 수확되는 옥수수의 1/4은 부유한 나라의 소들이 먹고 있다.
>
> 『지구의 절반은 왜 굶주리는가?』

세계화의 또 다른 얼굴은 소비와 생산의 구조이다. 소비가 이뤄지는 곳에 원료를 공급하는 나라들은 제3세계인 경우가 많다. 대규모 생산을 위해서 기존의 농업이 아닌 소비에 연관되는 원료를 생산하는 농장으로 바뀌게 되는데 팜유의 경우가 그렇다.

> **Post 12. 팜유**
>
> 라면, 샴푸, 화장품, 세제, 과자, 빵. 이것들의 공통점은 팜유이다. 우리가 사용하는 생필품의 절반에 재료로 들어가는 팜유는

인도에서 동물 사체를 처리하는 역할은 독수리가 맡았었다. 그런데 언제부터 인가 사체 옆에 독수리도 죽어있었다. 원인은 가축 치료에 쓰인 디클로페낙이라는 약 때문이다. 1990년대에 이 약을 사용하기 시작했는데 현재는 인도 독수리 3종이 멸종위기에 처했다. 그리고 독수리 대신 개들이 사체를 처리하기 시작했다.

Post 13. 독수리와 개

1992년 인도 전역에 약 1000만 마리의 독수리가 있었다고 하는데 2003년에는 약 7만 2천만 마리만 발견되었다. 개는 700만 마리가 증가했다. 개가 많아지자 개에 물린 사고는 4,000만 건. 사망자 수는 5만 명에 달했다.

『오늘부터 나는 세계 시민입니다』

약품으로 생태계가 바뀌고 그로 인해 사람에게 다시 피해가 전해지는 악순환이 세계화를 통해 이루어지고 있다. 코로나로 인도가 막대한 피해가 있던 상황에서 개들이 사체를 먹는 충격적인 뉴스가 떠오른다.

19세기까지 세계를 지배한 제국주의는 사라진 듯 보이지만 냉전시대를 거쳐 지금은 다국적 기업과 강대국들의 영향력 가운데 기아와 식량 세계화에 따른 기후와 환경파괴 문제가 지구의 회복력을 넘어서는 심각한 경고음을 내고 있다.

Post 14. 온실가스 효과

온실가스 효과는 지구의 모든 부분이 갑자기 더워지는 게 아니라 특정 지역의 추위, 홍수, 가뭄 등의 기상이변으로 나타난다.

『다시 보는 5만년의 세계 역사』

06

작은 것들을 위한 시

BTS 고마워요

2020.02.21에 발매된 BTS의 "작은 것들을 위한 시"는 현재까지 유튜브 14억뷰를 기록하며 히트 중이다.

BTS는 많은 이야기를 만들어낸 그룹이다. 음악적인 면에서 빌보드에서 수 주간 1위를 한 대기록을 달성했는데 BTS의 성장에는 팬클럽인 아미가 있다. 방탄소년단 멤버와 아미의 소통과 성장은 세계시민과 공감되는 DNA를 가지고 있다.

BTS 캠페인 'LOVE YOURSELF'는 세계 곳곳의 아미들에게 위로와 공감을 전했다. UN에서 전한 방탄소년단의 연설에서는 진정한 사랑은 나 자신을 사랑하는 것에서 시작한다고 말하며 꿈을 포기하지 말기를 부탁한다. 실수와 잘못을 하는 어떤 모습이던 자신을 사랑하면 좋겠다는 방탄소년단 RM의 진정성 있는 요청은 전 세계 여러 상황 속에서 어

려움을 겪고 있을지 모르는 지구촌 공동체에 위로와 용기를
불러일으킨다.

세계시민은 거창한 규모를 말하지 않는다.
생각과 작은 행동으로 참여와 연대의 느낌을 공유하는 것
이다.

초(初)미니세계사

아이들이 학교와 유치원으로 등교하는 아침 시간은 분주
하다. 큰아이는 5학년. 우리 집 장녀로 동생들 챙기는 일도
만만치 않은데 관심사도 많은 나이다. 아이가 영어공부에
조금씩 관심을 가졌는데 영국식 영어와 호주식 영어까지 대
화가 이어졌다.

호주에 대해 말하다가 호주가 영국에서 보낸 범죄자를 통
해 세워진 나라임을 말하자 흥미를 느낀다.

미국의 13개 식민지를 잃어버린 영국은 동양으로 눈을 돌
려 교역을 위한 새로운 기회와 미국으로 보내던 죄수들을
수용할 새로운 유배지를 찾고 있었는데 호주가 적임지로 떠
오르게 된다.

이러한 배경에서 1788년 1500명의 죄수와 관리, 그 밖의
수행원을 거느린 11대의 함대가 시드니 항에 도착하면서

백인에 의한 호주의 역사는 시작된다.

이때 도착한 사람 중 절반이 죄수였고 나머지는 이들을 관리, 감독할 관료와 이들과 관계된 일반인들이었다. 이 함대의 책임자 필립 총독은 함대가 입항한 항구를 영국의 귀족 '시드니' 경의 이름을 따서 시드니라고 불렀다. 그가 최초로 시드니에 상륙한 날인 1월 26일은 호주의 날로 기념하고 있다고 한다.

초등학생 딸에게 지구촌 곳곳에서 일어나는 여러 상황과 역사를 말해 주고 싶은데 아이는 이런 이야기가 재미없을 것 같다. (특히 길게 말한다면 더욱…)

초(超)미니 세계사 메뉴를 언제든지 내어놓을 수 있는 준비가 필요하다.

이집트 쓰레기 마을(feat. 빠니보틀)

코로나로 해외를 가는 일이 어려운 상황에서 랜선 여행의 간접 체험을 선물한 여행 유튜버들이 있다. 내가 갔던 곳이나 가고 싶은 곳이나 전혀 가보지 않았던 지역을 영상을 통해 함께 하는 온라인 여행은 코로나와 유튜브 시대의 선물이다.

그 중에 가장 눈길을 끌었던 이는 〈빠니보틀〉 닉네임을 쓰는 유튜버다. 직장을 그만두고 여행을 시작할 때는 구독자가 많지 않은데 동남아를 시작으로 인도. 중앙아시아. 중동. 러시아. 유럽에 이르는 여행이 계속되는 동안 나와 같은 구독자가 폭발적으로 늘어났고 지금은 100만 명이 넘었다.

초창기 인도 여행이 대히트를 했는데 빠니보틀은 힌디어로 물병을 의미한다고 한다.

빠니보틀 여행의 특징은 관광이 아닌 노숙을 두려워하지

않는 대담함과 솔직함이다. 나도 100개가 넘는 동영상을 두루두루 보았다.

그중 인상적인 영상이 '이집트 쓰레기 마을' 편이다.

이집트 쓰레기 마을은 이집트의 수도 카이로에서 나오는 수많은 쓰레기를 처리하는 마을이다. 마을 주민들은 쓰레기를 처리하며 생계를 유지하고 아이들은 곳곳이 쓰레기인 환경에서 살아간다.

대한민국 서울은 1960대 이후 폭발적인 성장으로 인구와 경제활동이 커졌고 그에 따른 쓰레기도 엄청나게 늘어났다. 서울시는 마포구 난지도에 쓰레기 매립장을 만들었는데 산처럼 쓰레기가 쌓였다. 이곳에서 쓸 만한 폐품을 찾아내는 일을 했던 분들도 있었다.

다시 이집트 쓰레기 마을로 가보자. 쓰레기 마을이 생겨난 일에는 역사적 배경이 있다. 이슬람국가인 이집트에서 기독교(콥트)도인 이들은 신앙생활이 자유롭지 못했고 핍박을 받았다.

정부 지도자는 기독교인들에게 쓰레기를 치우면 예배를 허락한다고 약속했고 그렇게 쓰레기 마을은 카이로의 많은 쓰레기를 처리하며 한편에 만든 동굴교회에서 예배하고 있다. (지금은 관광명소까지 되었다.)

인간의 지저분한 흔적인 쓰레기를 통해 신앙을 지키는 일.

어찌 보면 쓰레기 같은 인류의 죄를 지고 십자가에서 돌아가신 예수그리스도가 떠오른다.

세계화의 과정에서 빼놓을 수 없는 것이 종교다. 로마제국의 황제가 기독교를 공인하게 되면서 급속도로 기독교가 전파되고 유럽은 기독교의 세계가 되었다. 이후 중동에서 시작된 이슬람과 충돌하게 되는데 바로 십자군 전쟁이다. 표면적으로는 성지회복이라는 종교적인 이유였지만 정치적 경제적 이유가 함께 했다.

19세기 유럽의 제국들이 남미와 아프리카 아시아를 식민화하는 발걸음 속에 기독교도 그 궤를 같이하며 전 세계에 기독교를 전파했다. 제국과 종교는 동전의 양면처럼 함께 움직였다.

07

세계는 유직

We are the world

언어와 종교 문화가 다른 세계인들을 하나로 묶을 수 있는 것은 음악이다. 세계에 눈을 뜨고 세계를 품는 세계시민이 함께 즐기고 생각해 볼 수 있는 노래들을 소개한다.

♬ We are the world(USA for Africa. 1985)

1984년에 에티오피아는 사상 초유의 위기에 직면했다. 불안정한 정치 체제와 유례없는 가뭄으로 에티오피아가 살인적인 기근에 놓인 것이다. 위기에 처한 그들의 모습은 전 세계에 강한 연민을 불러일으켰다. 작곡을 의뢰받은 마이클 잭슨은 곧 그 계획에 적극적으로 동참해 서둘러 라이오넬 리치와 작업에 착수했다.

누군가의 고통에 반응하며 전 세계인의 마음을 연 《We are the world》는 당시 최고의 팝스타들이 참여로 이슈가 되었지만 가사와 노래가 가진 상징성이 특별했다. 수십 년이 지난 지금까지 이 노래는 세계인의 마음에 감동을 주고 있다.

There comes a time When we heed a certain call
부름을 들어야 할 때가 왔습니다
When the world must come together as one
세상이 하나로 함께 해야 할 때이죠

There are people dying
사람들이 죽어가고 있어요
Oh, and it's time to lend a hand to life
사람들에게 손을 내밀 때 입니다
The greatest gift of all
가장 큰 선물을

We can't go on Pretending day-by-day
매일 모르는 체하면서 이대로는 안 됩니다

That someone, somewhere soon make a change

어디선가 누군가가 변화를 만드는 것을

We're all a part of God's great big family

우리 모두 신의 품에서 가족입니다

And the truth, you know, love is all we need

우리 모두에게 필요한 것은 사랑입니다

We are the world

우리는 세상이고

We are the children

우리는 아이들입니다

We are the ones who make a brighter day, so let's start giving

우린 더 밝은 날을 만드는 사람들입니다

그러니 나눔을 시작합시다

There's a choice we're making

더 나은 세상을 만들 수 있는 기회가 있습니다

We're saving our own lives

우리는 우리들의 삶을 구하고 있어요

It's true we'll make a better day, just you and me

우리는 더 나은 날을 만들 수 있어요. 바로 당신과 내가

Oh, send them your heart

그들에게 당신의 마음을 보내줘요

So they know that someone cares

누군가의 돌봄을 알 수 있도록

And their lives will be stronger and free

그들의 삶은 더 강하고 자유롭게 될 거예요

As God has shown us by turning stones to bread

바위를 빵으로 바꿈으로써 신이 우리에게 보여주신 것처럼

And so we all must lend a helping hand

우린 도움의 손길을 보내야 해요

We are the world

우리는 세상이고

We are the children

우리 아이들이에요

We are the ones who make a brighter day, so let's start
giving

우린 더 밝은 날을 만드는 사람들입니다.

그러니 나눔을 시작합시다

There's a choice we're making

더 나은 세상을 만들 수 있는 기회가 있습니다

We're saving our own lives

우리는 우리들의 삶을 구하고 있어요

It's true we'll make a better day, just you and me

우리는 더 나은 날을 만들 수 있어요. 바로 당신과 내가

♫ Greatest Love of All(George Benson.1977)

　2021년 11월 어느 아침. 뉴스에서 아프간의 기아 상태가 심각하다는 것과 10살이 안 된 딸을 50대 남성에게 팔아야 하는 부모의 뉴스를 들었다. 가슴이 아프다. 왜 이런 일이 지구상에 일어나는지 장거리 운전을 하면서 이 노래를 반복해서 듣는다. 1986년 세계적인 디바 휘트니 휴스턴이 리메

이크 한 《Greatest Love of All》이다.

　오리지널 곡은 1977년 복싱선수 무하마드 알리 (1942~2016)의 전기 영화인 《The Greatest》에 OST로 사용된 조지 벤슨의 《The Greatest Love Of All》인데 작사를 맡은 린다 크리드는 유방암 투병 중 (1977) 가사를 썼고 노래가 리메이크 된 1986년 38세의 생을 마쳤다.

I believe the children are our future
아이들이 우리의 미래라는 걸 믿어요
Teach them well and let them lead the way
아이들을 가르치고 그들이 앞장서도록 해요
Show them all the beauty they possess inside
그들에게 자기 안에 잠재한 모든 아름다움을 보여 줘요

Give them a sense of pride to make it easier
아이들에게 쉽게 할 수 있다는 자신감을 주어요
Let the children's laughter remind us how we used to
be
아이들의 웃음으로 우리의 순수한 시절을 돌이켜봐요

Everybody's searching for a hero, people need someone to look up to

모두가 영웅을 찾고, 사람들은 기댈 누군가를 필요로 하죠

I never found anyone who fulfilled my needs,

난 내 요구를 충족시켜 줄 그 누군가를 찾지 못했어요

A lonely place to be And so I learned to depend on me

너무나 외로웠기에 나 스스로 의지하는 것을 배웠어요

I decided long ago, never to walk in anyone's shadows

나는 오래전에 절대 누군가의 그림자 속에서 걷지 않겠다고 결심 했어요

If I fail, if I succeed at least I'll live as I believe

실패하든, 성공하든 적어도 내가 믿는 대로 살 거라고

No matter what they take from me, they can't take away my dignity

사람들이 나에게서 무엇을 빼앗아 가든, 나만의 존귀함은 앗아갈 수 없다고

Because the greatest love of all is happening to me

왜냐면 가장 위대한 사랑이 나에게서 일어나고 있으니까요

I found the greatest love of all inside of me

그 위대한 사랑을 내 안에서 발견했어요

The greatest love of all is easy to achieve

그 위대한 사랑을 가지기는 쉬워요

Learning to love yourself, it is the greatest love of all

자기 자신을 사랑하기를 배우는 것, 그게 가장 위대한 사랑
이에요

*And if, by chance, that special place that you've been
dreaming of*

그러나 그대가 꿈꾸던 그 특별한 장소가

Leads you to a lonely place find your strength in love

그대를 더 외롭게 만든다면 사랑으로 용기와 힘을 얻으세요

무하마드 알리는 이전 세대들에게는 친숙한 이름이다.

*나비처럼 날아서 벌처럼 쏜다(Float like a butterfly,
sting like a bee)*

헤비급 복서였던 알리가 빠른 스텝으로 상대방을 공격했

던 기술인데 알리의 전매특허이다. 알리는 현존 최고의 복싱선수로 "The greatest"로 불리 운다. 그러나 알리는 링 위만이 아니라 인종차별로 가득했던 6-70년대 미국 사회와 싸운 링 밖의 챔피언으로 복싱선수는 물론 시민들의 존경을 받고 있다.

파킨슨병을 앓게 된 알리는 1996년 애틀랜타 올림픽에서 성화 봉송 주자로 나서 큰 감동을 주었고 2016년 사망했다. 가족들은 파킨슨병 치료를 위한 재단을 운영하고 있다.

♬ Heal the world(Michael Jackson. 1992)

마이클 잭슨(1958~2009)은 미국 인디애나의 가난한 가정에서 10명의 자녀 중 여덟 번째로 태어났다. 그는 세계 팝 음악 역사에 큰 획을 그리고 수많은 기록을 남긴 팝의 황제로 불리 운다. 《Heal The World》는 어린이를 위한 재단에 기부하기 위해 발표된 곡이다.

There's a place in your heart. And I know that it is love
여러분의 마음 한구석에 사랑이 자리하고 있다는 걸 알고

있어요

And this place could be Much brighter than tomorrow

그래서 이 세상이 내일보다 더 밝을 수 있죠

And if you really try. You'll find there's no need to cry

당신이 정말 노력한다면 울 이유가 없다는 걸 알게 되죠

In this place you'll feel There's no hurt or sorrow

이곳에서는 아픔이나 슬픔이 없다고 느낄 테니까요

There are ways to get there

그렇게 되기 위한 방법이 있어요

If you care enough for the living Make a little space.

Make a better place

당신이 생명을 소중히 여긴다면 조금 더 여유를 가지고

더 나은 곳을 만들어요

Heal the world, make it a better place

세상을 치유해요. 더 나은 세상을 만들어요

For you and for me and the entire human race

당신과 나 그리고 세계 모두를 위해서요

There are people dying

사람들이 죽어가고 있어요

If you care enough for the living Make it a better place, for you and for me

당신이 생명을 소중하게 여긴다면 더 나은 세상을 만들 수 있어요

당신과 나를 위해

And the dream we were conceived in Will reveal a joyful face

우리가 간직해왔던 꿈들이 그 행복한 모습을 드러낼 수 있어요

And the world we once believed in Will shine again in grace

우리가 믿었던 세상은 다시 한번 축복 속에서 빛날 거예요

Then why do we keep strangling life

그런데 왜 우리는 계속 생명을 조르는 걸까요

Wound this earth, crucify it's soul Though it's plain to see

왜 이 땅에 상처를 남기고 영혼을 십자가에 못 박나요

This world is heavenly, be God's glow

신의 은총으로 이 세상이 천국 같다는 건 분명한데도 말이죠

We could really get there

우린 분명 그런 세상을 이룰 수 있어요

If you cared enough for the living

당신이 생명을 소중히 여긴다면

Make a little space To make a better place

조금 더 여유를 가지고 더 나은 세상을 만들어 봐요

참혹한 현실과 아름다운 멜로디가 공존하는 세상.

음악이 사라지면 현실은 더욱 차갑게 느껴지겠지만 이 노래를 함께 부르며 더 나은 세상을 꿈꾸는 세계시민의 연대는 생각만 해도 기분이 좋다.

영어 가사지만 후렴 부분만이라도 함께 흥얼거려 보자

Heal the world, make it a better place

For you and for me And the entire human race

There are people dying If you care enough for the living

Make it a better place, for you and for me

♫ 내일은 늦으리(신해철 외. 1992)

92년에 느꼈는데 아직도 못 느끼나?

90년대 한국은 아직 환경. 기후에 대해 심각하게 생각하고 있지 못한 시기였다. 이런 시대에 환경을 생각하고 환경 콘서트를 만든 음악가들이 있었다.

Post 15. 내일은 늦으리

1992년 대영기획에서 발매한, 여러 가수들이 연합한 기획 옴니버스 앨범이다. 국내 최초로 '환경 보전'을 주제로 당대의 인기 아티스트들이 신곡을 기증하고 타이틀곡 〈더 늦기 전에〉를 함께 취입했다. 이 음반 발매 전에 동명의 합동 콘서트를 먼저 진행했다.

『네이버 지식백과. 내일은 늦으리』

생각해 보면 힘들었던 지난 세월 앞만을 보며 힘차게 달려
여기에 왔지
가야 할 길이 아직도 남아 있지만 이제 여기서 걸어온 길을
돌아보네

어린 시절에 뛰놀던 정든 냇물은 회색 거품을 가득 싣고서
흘러가고
공장 굴뚝에 자욱한 연기 속에서 내일의 꿈이 흐린 하늘로
흩어지네

하늘 끝까지 뻗은 회색 빌딩 숲 이것이 우리가 원한 전부
인가?
그 누군가 미래를 약속 하는가 이젠 느껴야 하네 더 늦기 전에

그 언젠가 아이들이 자라서 밤하늘을 바라볼 때
하늘 가득 반짝이는 별들을 두 눈 속에 담게 해주오

(내레이션)
저 하늘 촘촘히 박혀 있던 우리의 별들을 하나 둘 헤아려본
지가 얼마나 되었는가 그 별들이 하나 둘 떠나고 힘없이 펼

쳐지는 작은 별 하나가 이제 우리가 할 일이 무어라고 생각

하나 우리는 저 별마저 외면해 버리고 떠나보내야만 하는가?

27년이 지났는데 아직 느끼지 못하는 이들이 너무나 많다.

세계시민들과 함께 이 노래를 부르고 싶다.

세계는 시네마 11. 노블(Noble, 2014)

크리스티나 노블은 베트남전쟁이 끝난 뒤 14년 후 베트남 호치민을 찾아가 베트남 아이들을 돌보는 삶을 시작한다. 개인적인 불행을 겪었던 노블은 40대 중반의 나이에 아이들을 위한 위대한 삶을 시작한다.

세계시민은 각자 지역의 다양한 상황 속에서 살아가고 있다. 경제적. 환경적. 문화적인 모든 것이 다르지만 세계시민의 다양한 관점에서 보듯이 자신뿐만 아니라 누군가의 삶의 문제와 어려움을 외면하고 싶지 않은 이들이다.

08

포코코 세계시민의 탄생

포스트(Post) 코로나(Corona) 코리아(Korea)

받은 것들의 기억

6.25 전쟁 때 미얀마가 쌀을 보내줬다고?

2019년 미얀마를 방문한 대한민국 문재인 대통령은 한국 전쟁 당시 미얀마가 지원한 5만 달러 규모의 쌀에 보답하는 의미로 스쿨버스 60대를 미얀마에 기증했다.

중미의 니카라과는 우리가 추위와 굶주림으로 고생할 때 2만4000 톤의 물자를 보냈으며 에티오피아는 가장 비정치적인 이유로 6.25 전쟁 때 근위 부대인 "강뉴" 부대를 파병했다.

에티오피아의 하일레 셀라시에 황제는 유엔의 파병 요청을 받자 황실 근위병을 중심으로 '강뉴(캭뉴/Kagnew)부대'란 이름을 하사했다고 한다. '강뉴'는 에티오피아어(암하라어)로 '혼돈에서 질서를 확립하다', 또는 '초전박살(初戰撲

殺)'이란 뜻이라고 한다.

참선용사들은 한국전쟁에 참여한 이후로 고국에서 고초를 겪었는데 에티오피아가 1974년 공산 쿠데타로 공산화 된 후 같은 공산군과 싸운 배신자로 몰려 직장에서 쫓겨나는 등 어려움을 겪은 것이다.

외교적 정치적 이유로 UN의 이름으로 참전한 나라들도 있을 것이다. 그러나 어떤 이유에서든지 한반도를 찾아와

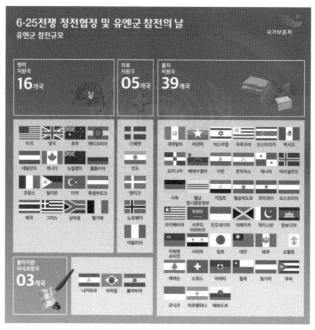

6.25 한국전쟁 참전 및 지원 국가들 / 국가보훈처

네덜란드 참전비 / 횡성 우천면

희생하신 분들과 물자를 보내준 국가들을 우리 역사는 기억
해야 한다.

내가 사는 강원도 횡성군 우천면에는 네덜란드 참전비가

있다.

횡성 인근에 치열한 전투가 있었고 네덜란드 군인들의 희생이 있었다. 1950~54년까지 네덜란드는 총 4,748명을 파병했으며 전사자는 대대장인 오우덴 중령을 포함해 122명이며 3명이 행방불명되었다. 네덜란드 참전용사와 그 가족들의 헌신을 대한민국은 끝까지 기억해야 할 것이다.

여러 나라의 도움이 있었지만 6.25 전쟁은 종결되지 않고 아직도 휴전상태로 남아 있다. 3년간의 전쟁으로 수많은 인명피해와 기간시설의 파괴로 국토는 폐허가 되었다. 그런데

네덜란드 참전공원 기억의 벽 / 횡성 우천면

전쟁이 끝난 지 70년이 지난 지금 대한민국은 세계가 인정하는 선진국의 대열에 올라섰다.

도대체 어떻게 폐허가 된 나라가 70년 만에 선진국이 되었을까?

잘 살던 나라가 몰락한 사례는 있지만 가난한 나라가 선진국대열에 올라서는 일은 세계사에서도 유래를 찾아보기 힘들다고 한다. 농지개혁과 산업화. 인재양성 등 전문가들이 다양한 원인을 분석하기도 하지만 대한민국의 성장은 한마디로 한강의 기적, 미라클이다.

최근 세계 여러 국가가 대한민국에 교류와 도움을 요청하고 있다. 한국과 기존 강대국들과의 차이점이라면 한국은 다른 나라를 수탈하거나 이용한 역사가 없다는 것이다. 이런 점에 주목해 대한민국 외교부는 "선한 외교"라는 이름으로 한국의 외교 정체성을 표현하고 있다.

이제 대한민국은 세계 곳곳의 필요와 요구에 응답하고 손을 내밀어야 하는 위치에 와있다. 미국과 일본. 유럽과 중국을 따라만 해도 충분했던 시대에서 이제는 주도권을 가지고 비전을 제시하는 국가가 된 것이다.

물론 아직도 남북문제에서는 미국. 중국. 러시아. 일본 등의 주변 강대국과의 복잡하고 미묘한 외교의 어려움이 있으나 코로나 방역에 관한 노하우. BTS 등 K팝과 뷰티. 음식 그리고 최근의 오징어 게임 등의 콘텐츠 등 방역과 문화영역에서 한국의 영향력은 커졌고 기존의 선진국들도 한국을 대하는 태도가 달라졌다.

　이제 대한민국은 위기의 세계를 치유하고 연대하는 섬김의 리더십을 발휘해야 한다. 바로 **포스트(Post) 코로나(Corona) 코리아(Korea)** 세계시민의 탄생이다.

지중해 올리브 숲에서 희망을 보다

(YTN 사이언스를 통해 보게 된 지중해의 올리브 숲)

"모든 나무 중에 으뜸은 올리브 나무다."라고 할 정도로 올리브나무는 지중해를 대표하는 식물이다. 서기 1세기 〈농업론〉을 저술한 로마의 작가 콜루멜라는 고대인들은 지중해 지역을 올리브가 자라는 곳까지라고 가르쳤다고 한다. 올리브는 지중해 특산물로서, 기원전부터 지중해 교역의 주요품목이었다. 올리브 재배 지역과 올리브를 주된 음식으로 삼는 생활 습관을 중심으로 지중해 권을 구성하면, 지중해는 이탈리아, 스페인, 그리스, 터키, 튀니지, 모로코, 시리아 포르투갈을 포괄하는 개념이 된다.

성경에 올리브나무가 나온다. 감람나무라고 소개되는 올리브나무는 노아의 홍수로 모든 땅이 물에 잠겼을 때 노아는 방주에서 새들을 풀어서 땅이 있는지를 알아보는데 이때 비둘기가 물어온 잎이 올리브 잎이다. 노아는 이제야 물이

빠진 것을 알게 된다.

지중해 올리브나무 숲에는 올리브나무를 중심으로 수많은 곤충과 동물과 새들이 공존한다. 새들은 올리브나무에 해충들을 포식하여 올리브나무를 보호하고 올리브나무 열매는 다시 철새가 돌아왔을 때 먹을 것이 된다.

그렇게 숲은 서로의 생명을 지켜준다.
인류는 너무나 많이 탐닉했다.

역사를 통해 강자는 약자의 주머니를 모두 털어냈고 다시 그 피해는 나비효과처럼 오늘을 살아가는 인류가 당하고 있다.

지중해의 올리브나무 숲은 자연이 보여주는 교훈이다. 이제라도 서로의 생명을 보호하고 연대하는 것만이 인류가 살아남는 길이다.

5남매를 통한 분쟁과 갈등, 조정과 평화

우리 집 4남매(원고를 쓰는 동안 5남매가 되었다)는 항상 분쟁과 갈등 그리고 조정과 평화의 사이클을 돌리고 있다.

첫째는 가장 힘이 세다. 동생들을 주도하는 힘과 리더십이 있으나 부담도 크다. 때론 그 책임의 무게로 큰 아이에게는 격려와 응원이 필요하다.

둘째는 언니에게 아직 많은 부분을 의지한다. 때론 언니와 격렬히 다투기도 동생들에게는 힘을 과시하기도 하지만 역시 언니와 맞장구를 칠 때 힘이 난다.

셋째는 여러 부분에서 손해가 크다. 막내가 어리기 때문에 부모는 셋째에게 양보를 요구할 때가 많다. 누나들에게 치

이고 막내에게 양보해야 하는 셋째이기에 더 챙겨주고 싶을
때가 있다.

넷째는 아직은 막내로 얻는 이득은 큰 편이다. 거의 모든
원하는 것을 할 수 있으나 누나와 형의 물리적인 공격에는
울음으로 대응한다. 엄마. 아빠를 통해 많은 것을 얻을 수
있는 장점이 있다.

삶은 전쟁이다.
원하는 것을 얻기 위해 무섭게 싸우고 투쟁해야 한다. 함께
어우러져 협력하면 좋겠지만 이상적인 생각인 경우가 많다.

책을 쓰는 일이 정체되고 마무리가 안 되는 시점에서 우리
집은 다섯째가 태어났다. 이제 모든 가족은 새로운 가족 구
성원을 맞이해야 한다. 여전히 많은 분쟁과 갈등이 있겠지
만 가족공동체 안에서 조정과 배려를 통해 평화를 이루면서
살아가는 공동체가 되길 기대한다.

마치는 글

새로운 세계로의 여행

 세계시민은 다음 세대와 그들이 살아갈 지구에 대한 책임 감을 가진 이들이다. 새로운 세계의 구성원들에게 지금보다 더 나은 세상을 유산으로 남기는 일은 인류를 위한 거룩한 사명이자 즐거움이다.

 세계에 눈뜨는 일은 한쪽의 풍요로움과 한쪽의 빈곤을 인 식할 수 있는 감각이다. 그러기 위해서는 저울의 어디가 기 울어져 있는지를 볼 수 있는 눈이 필요하다.

 한국에서는 외식 한 번에 1인당 1만 원 안팎이 든다. 1만 원은 기근이 심한 아프리카 대륙의 몇몇 지역에서는 1명이 1달을 살아갈 수 있는 돈이다.

 물론 우리나라와 식량 위기를 겪는 아프리카의 몇몇 지역 의 물가를 단순히 비교할 수는 없다. 그러나 그러한 저울의 기울기를 읽는 감각을 갖는다면 가장 효율적으로 돈을 쓰는 한 가지 방법을 알게 된다.

세계의 어제와 오늘, 내일에 대해 무관심하더라도 우리의 삶이 크게 달라지는 부분은 없다. 그러나 세계의 움직임에 작은 관심을 갖게 된다면 누구든 빨간 약을 먹고 마법 양탄자를 타고 새로운 세계(New World)를 여행하게 될 것이다.

이 여행은 가난의 역사를 뒤로하고 선진국의 반열에 오른 대한민국의 국민으로 세계를 섬기는 세계시민으로서 무척 의미 있고 특별한 경험이 될 것이다.

우리는 이미 충분하고 준비되어 있다.

눈을 뜬다면 이제 무엇을 해야 하는지도 알 수 있다.

세계에 눈뜨는 한 사람, 바로 당신이길 바란다.

세계는 시네마

1. 모가디슈(2021)

2. 캡틴 필립스(Captain Phillips. 2013)

3. 블랙 호크 다운(Black Hawk Down. 2002)

4. 머신건 프리처(Machine Gun Preacher. 2011)

5. 매트릭스(The Matrix. 1996)

6. 가버나움Capernaum / 샤마에게For Sama. 2019)

7. 나비효과(The Butterfly Effect. 2004)

8. 빅토리아&압둘(Victoria & Abdul. 2017)

9. 프리스테이트(Free State of Jones. 2016)

10. 늑대와 춤을(Dances with Wolves. 1990)

11. 노블(Noble. 2014)

세계는 뮤직

A whole new world(Aladdin OST. 1993)

We are the world(USA for Africa. 1985)

Greatest Love of All(George Benson.1977)

Heal the world(Michael Jackson. 1992)

내일은 늦으리(신해철 외. 1992)

참고도서

타밈 안사리, 『다시 보는 5만 년의 역사』, 커넥팅, 2020.

장 지글러, 『왜 세계의 절반은 굶주리는가?』, 갈라파코스, 2007.

공윤희, 윤혜림, 『오늘부터 나는 세계 시민입니다』, 창비교육, 2019.

Sam K Son, 『코로나시대의 글로벌 이슈와 세계시민교육』, 지식공감, 2020.

참고 유튜브

〈최준영 박사의 지구본연구소〉

〈삼프로TV 지구본연구소〉

〈조승연의 탐구생활〉

〈KBS 세계는 지금〉

〈김지윤의 지식 Play〉

부록.

김필통이 만난 세상

필(feel)이 통하는 필통

필자는 2013년부터 수제 필통과 학용품을 전 세계 아이들에게 전달하는 활동을 했다. 코로나 팬데믹 이후로는 모금을 통해 돕고 있다.

처음 인도네시아를 시작으로 필리핀, 네팔, 인도, 미얀마, 라오스, 베트남, 말레이시아, 키르키즈스탄, 남수단, 우간다 케냐, 말라위, 남아프리카공화국, 짐바브웨, 잠비아 도미니카, 니카라과, 캐나다 원주민, 시리아 난민(터키, 레바논, 요르단) 등의 나라에 수제 필통과 학용품을 보냈는데 한 친구를 소개하고 싶다.

필통 안조요?

남수단 친구에게 필통을 주고 있는데 받는 친구의 이름이 "안조요"이다. 한국말 뜻에 웃음이 나오는데 '안조요'라는 이름의 의미를 알게 되면 가슴이 아프다. '조요'는 평화(peace)라는 뜻인데 '안'이 붙으면 평화가 없다는 뜻이 된다고 한다.

세상에 태어난 아이의 이름은 보통 가장 좋은 뜻으로 지어진다. 그런데 어떻게 '안조요'라는 불안한 이름을 지을 수 있었을까?

'안조요'는 분쟁지역에서 살아가는 어린이와 여성을 떠오르게 한다. 폭력과 힘이 지배하는 세상에서 어린이와 여성은 가장 지키기 어려운 존재이다.

시리아전쟁에서 무수한 아이들이 희생을 당했고 난민으로

남수단 안조요

지중해를 건너던 3살 쿠르디는 해변에서 주검으로 발견되었다. 앞에서 소개했듯이 소년병으로 키워지는 아이들도 있다.

아동노동이 만연한 지역에서는 부모의 빚을 갚기 위해 아침부터 밤까지 여러 노동현장에 내몰리거나 학교가 아닌 일터에서 나가는 아이들이 많다. 이들은 저임금으로 노동을 하는데 부모조차 아이를 학교에 안 보내고 일을 시키는 것을 당연하게 생각한다고 한다. 전쟁이 없는 지역에서도 인신매매, 조혼, 할례 등의 인권유린이 행해지고 있다.

'안조요'(평화가 없다)는 전쟁과 범죄. 아동노동과 인권유린에 몰린 아이들의 상황을 상징한다. 모든 아이를 지킬 수

는 없더라도 우리가 조금만 관심을 가지면 몇 아이에게 평
화와 안정을 선물할 수 있다.

  필통과 학용품에는 아이들이 일터가 아닌 학업과 공부를
통해 자신의 존귀함을 알고 꿈을 향해 살아가길 바라는 작
은 응원이 담겨있다.

수제필통과 학용품

시리아난민을 위한 필통

터키의 시리아친구들

레바논의 시리아친구들

케냐 친구들

도미니카의 아이티친구들

필리핀 친구

이란 아기

연필 이야기

아무리 힘든 일이 있어도 나는 다시 일어날 것이다. 깊은 절망 속에서 던져두었던 연필을 다시 쥐고 계속 그림을 그릴 것이다.

- 빈센트 반고흐

공부와 학습을 상징하는 학용품은 연필이다.
연필이 뭘까?

흑심의 H, F, B 등의 기호는 경도와 농도를 나타내는 것으로서 각각 hard, firm, black의 머리글자이다. 따라서 높은 숫자의 H심일수록 딱딱하고 흐리게 써지며, 높은 숫자의 B심일수록 부드럽고 진하게 써진다.
『연필 [pencil, 鉛筆] (두산백과)』

오늘날의 연필의 형태가 만들어진 건 1795년이었습니다. 프랑스의 화학자이자 화가인 니콜라자크 콩테에 의해 발명되었는데요. 흑연과 점토의 혼합 비율을 다르게 해 경도를 조절할 수 있었습니다. 콩테의 이름을 딴 데생 연필 '콩테'는 지금까지 전 세계적으로 이름이 높은 드로잉 필기구로 각광 받습니다.

『History of pencil making Documentary』

왜 연필은 노란색이 많을까?

19세기 가장 품질 좋은 흑연은 중국에서 생산된 흑연. 19세기 세계제일의 연필산업국인 미국의 연필 제조사들은 자사 연필에 고품질의 중국산 흑연을 사용했다는 것을 알리고 싶었다. 당시 노란색은 중국 왕족을 상징하는 색깔이었다.

연필에 밝은 노란색을 칠해 고급스러운 느낌과 더불어 소비자들에게 연필을 보고 중국을 연상하도록 했다. 이것이 현재까지 이어졌고, 미국에서 판매되는 연필의 약 75%가 노란색 연필인 이유이다.

『세상에서 가장 ○○한 연필: 우리가 미처 몰랐던 연

『필 이야기』

　한국은 초등학교 입학 전 읽고 쓰기가 가능한 아이들이 많은데 연필을 잡고 글자 하나하나를 써가는 모습은 정말 예쁘고 귀엽다.

　모국어를 읽고 쓰고 말하는 능력을 배우는 것은 한국에서는 당연한 일처럼 여기지만 아직도 세계 곳곳의 아이들은 기초적인 학습이 부족한 상황에 있다.

　왜 아이들은 연필을 써야 할까?

　연필을 잡는 과정에서 손가락의 근육을 자리 잡게 하는 것도 있겠지만 아이들은 수시로 실수를 한다.

　그래서 연필은 지우개란 친구가 있어야 하고

　아이들은 실수와 상처를 치유하는 지우개 같은 세상이 필요하다.

* 지구를 위해 친환경재생지를 사용합니다.

세계에 눈뜨는 한 사람

초판 1 쇄 2022년 1월 25일
지 은 이 김필통
펴 낸 곳 하모니북

출판등록 2018년 5월 2일 제 2018-0000-68호
이 메 일 harmony.book1@gmail.com
전화번호 02-2671-5663
팩   스 02-2671-5662

979-11-6747-031-7 03330
ⓒ 김필통, 2022, Printed in Korea

값 12,000원